Franz Fink

Einfach wursten

Grundlagen und Rezepte

Mit Fotos von Christian Strobl

Leopold Stocker Verlag
Graz – Stuttgart

Umschlaggestaltung:
DSR Werbeagentur Rypka GmbH, 8143 Dobl/Graz, www.rypka.at
Titelbild: Christian Strobl
Bildnachweis: Christian Strobl

Bibliografische Information der Deutschen Nationalbibliothek
Die Deutsche Nationalbibliothek verzeichnet diese Publikation in der Deutschen Nationalbibliografie; detaillierte bibliografische Daten sind im Internet unter http://dnb.d-nb.de abrufbar.

Hinweis: Dieses Buch wurde auf chlorfrei gebleichtem Papier gedruckt. Die zum Schutz vor Verschmutzung verwendete Einschweißfolie ist aus Polyethylen chlor- und schwefelfrei hergestellt. Diese umweltfreundliche Folie verhält sich grundwasserneutral, ist voll recyclingfähig und verbrennt in Müllverbrennungsanlagen völlig ungiftig.

Auf Wunsch senden wir Ihnen gerne kostenlos unser Verlagsverzeichnis zu:
Leopold Stocker Verlag GmbH
Hofgasse 5/Postfach 438
A-8011 Graz
Tel.: +43 (0)316/82 16 36
Fax: +43 (0)316/83 56 12
E-Mail: stocker-verlag@stocker-verlag.com
www.stocker-verlag.com

ISBN 978-3-7020-1758-3

Layout und Repro: DSR Werbeagentur Rypka GmbH, 8143 Dobl/Graz
Druck: Finidr, s.r.o., Český Těšín

INHALT

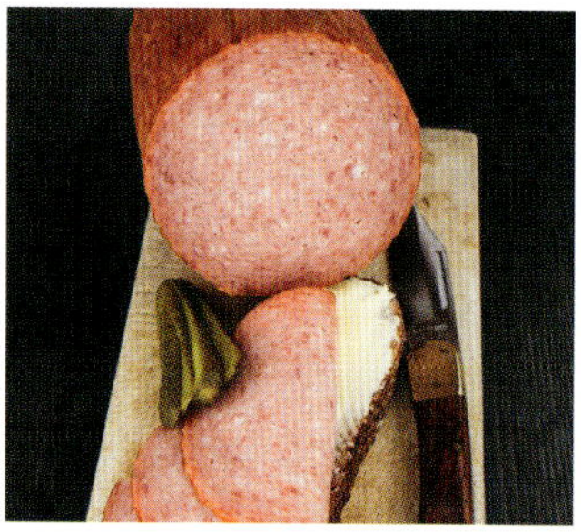

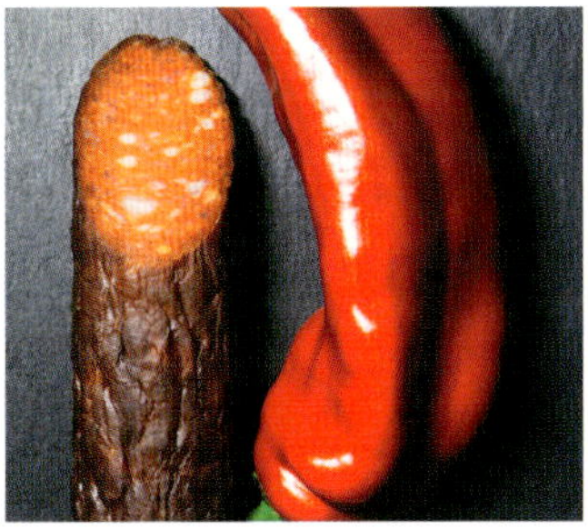

DANK

Ich danke der Fa. Schenk für die Bereitstellung von Geräten und weiterem Zubehör für das Buch.

EINLEITUNG

„Einfach wursten“ ist das Motto dieses Buches. Es soll Anfängern, Hobby-Köchen und allen, die gern ein wenig in der Küche experimentieren, dabei helfen, in die vielfältige Welt des Wurstens einzutauchen.

In einer Welt, in der es nicht immer einfach ist, die Herkunft und Inhalte unserer Nahrungsmittel nachzuvollziehen, bietet das Selberwursten die Möglichkeit, ein Stück mehr über die Qualität des eigenen Essens zu entscheiden. Ob man das Fleisch in Eigenproduktion herstellt, von der Fleischerei des Vertrauens bezieht oder von Bauern und Bäuerinnen aus der Region kauft, selbst zu wursten stellt alle Möglichkeiten frei, die eigenen Produkte so zu gestalten, wie man möchte. So können Sie etwa selbst entscheiden, was Ihnen in Bezug auf die Zutaten wichtig ist, sei es Regionalität, Natürlichkeit oder Qualitätsanspruch. Und nicht nur was die Herkunft und Qualität betrifft, hat man freie Hand, auch den Geschmacksexperimenten sind wenig Grenzen gesetzt.

Essen ist immer auch Gemeinsamkeit. Ich möchte Sie mit diesem Buch dazu anregen, vielleicht mit Freunden und Familie nicht nur die Produkte Ihrer Arbeit zu genießen, sondern auch gemeinsam zu tüfteln und zuzubereiten.

Selbst wursten ist aber auch nicht immer ganz einfach und es wird Versuche geben, die Ihnen nicht immer sofort gelingen werden. Ganz bestimmt macht es aber Spaß und mit ein wenig Geduld und Einsatz können Sie besondere, qualitätsvolle und „g'schmackige“ Würste für sich und Ihre Lieben zubereiten. Gutes Gelingen!

DER AUTOR

Franz Fink ist ausgebildeter Landwirtschaftsmeister und wurde über den zweiten Bildungsweg zum Fleischermeister. Er unterrichtet seit 1998 in einer Fachschule und ist dort für Fleischverarbeitung und Direktvermarktung zuständig.

GRUNDBEGRIFFE BZW. -ZUTATEN

Wursten ist kein ganz einfacher Prozess und am Anfang gibt es immer wieder Momente, in denen die Wurst nicht so gut gelingen wird. Mit etwas Übung und Einsatz können aber besondere Produkte selbst gemacht werden, die nicht nur den eigenen Vorstellungen, was die Qualität betrifft, ganz genau entsprechen, sondern auch nach dem eigenen Geschmack frei gestaltet werden können. Einige Grundbegriffe und -zutaten, die aus der „normalen" Küche nicht ganz bekannt sind, möchten wir hier kurz erklären, damit der Einstieg ins eigene Wursten leichtfällt.

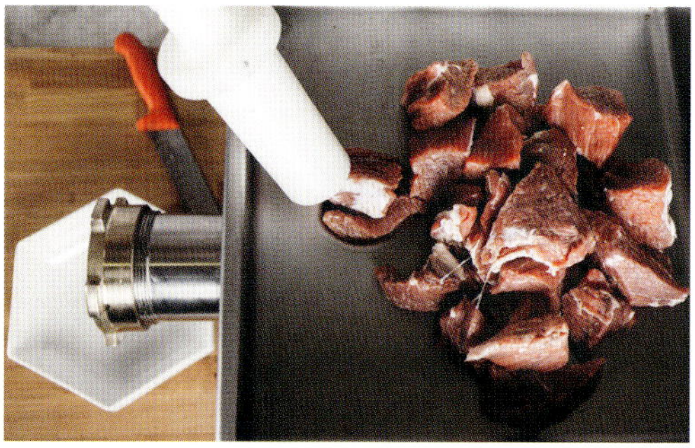

Das zurechtgeschnittene Fleisch in die Öffnung geben.

Das Wurstfleisch wolfen.

Die Gesamtmasse gut bindig kneten.

Die Masse in die entsprechenden Därme füllen.

Den gefüllten Darm für das Abdrehen vorbereiten.

Die Därme zu den gewünschten Portionen abdrehen.

Die Wursthülle mit der Masse befüllen.

Die gefüllten Würste auf die Selchstangen geben.

Die geräucherten Würste kontrollieren.

Optimales Räucherergebnis.

WURST

Würste sind im Allgemeinen **Fleischwaren**, die **aus zerkleinertem Muskelfleisch und Speck** bestehen. Diese werden mit Wasser, Salz, Gewürzen und weiteren Hilfsstoffen vermengt und in Naturdärme oder Kunststoffhüllen abgefüllt. Je nach Wurstart werden Würste entweder roh oder erhitzt verzehrt. Die gängigsten Wurstarten bestehen aus Fleisch von Schwein oder Rind, generell ist es allerdings auch möglich, das Fleisch von allen warmblütigen Tieren zu verwenden (z. B. Schaf, Ziege, Kaninchen, Geflügel etc.).

Man differenziert im Groben zwischen
- Brühwürsten,
- Rohwürsten und
- Kochwürsten.

Diese unterscheiden sich durch den Ausgangs- bzw. Endzustand des Materials bei der Verarbeitung. Bei **Brühwürsten** ist das Ausgangsmaterial (Fleisch und Speck) roh und wird nach dem Verarbeiten gebrüht (z. B. Leberkäse oder Krainer). Bei **Rohwürsten** geht man auch von rohem Ausgangsmaterial aus, dieses wird allerdings nach der Verarbeitung nicht gebrüht, sondern bleibt roh (z. B. Salami). Bei **Kochwürsten** ist das Ausgangsmaterial schon vorgebrüht und wird nach der Verarbeitung nochmal zur Konservierung erhitzt (z. B. Leberaufstrich).

BRÄT

Das Brät ist ein Zwischenprodukt zur Wursterzeugung. Es enthält u. a. den Fleischanteil der Wurst und ist verantwortlich für die Bindung/Emulsion zwischen Fleisch, Speck und Wasser. Brät besteht aus stark zerkleinertem Muskelfleisch, das mit den dazugehörigen Zutaten wie Eiswasser, Salz und Phosphat vermengt wird. Das Brät wird nur bei Brühwürsten verwendet, bei Koch- und Rohwürsten ist es nicht erforderlich.

Für die Rezepte in diesem Buch unterscheiden wir zwei Arten von Brät:

- Gesamtbrät und
- Grundbrät.

Das **Gesamtbrätverfahren** wird für feine Brühwürste ohne erkennbare Fleisch- oder Speckeinlagen verwendet (z. B. Fleisch- oder Leberkäse). Bei diesem Verfahren wird das gesamte Fleisch, Speck und Eiswasser mit dem Bindehilfsstoff und den Gewürzen vermengt und gewolft.

Bei allen Würsten mit einer sichtbaren Fleisch- und Speckeinlage ist das **Verwenden von Grundbrät** erforderlich (z. B. Krainer oder Stangenwürste). Im Unterschied zum Gesamtbrät enthält das Grundbrät nur einen Teil der Gesamtfleischmasse und keinen Speck. Eiswasser und Hilfsmittel zur Bindung sind jedoch enthalten. Je nach Weiterverarbeitung kann das Grundbrät schon Gewürze enthalten oder noch neutral für verschiedene Wurstsorten gehalten werden.

FLEISCH- UND SPECKEINLAGE

Als Fleisch- oder Speckeinlage bezeichnet man jene Masse, die entweder frisch ist oder ein bis zwei Tage vorgesalzen wird, eine gröbere Struktur aufweist und dem Brät beigemengt wird.

UMRÖTEN

Umröten nennt man den Vorgang, in dem man durch die Zugabe von Nitritpökelsalz (Natriumnitrit) oder Kaliumnitrat (Nitrat oder Salpeter) und Kochsalz den Muskelfarbstoff Myoglobin stabilisiert, d. h., die Vergrauung des Fleisches verhindert und die **appetitliche, rötliche Farbe** des Fleisches erhält.

Bei der Zugabe von Nitritpökelsalz verläuft die Umrötung folgendermaßen: Man gibt 20 g pro kg Fleisch bei und vermengt es mit dem Fleisch. Brüh- und Dauerwürste lässt man bei einer Temperatur von 50 °C 30 bis 60 Minuten umröten. Bei Rohwürsten, wo die Temperatur 24 °C nicht überschreiten soll, dauert die Umrötung ein bis zwei Tage.

Bei der Verwendung von Kaliumnitrat dauert die Umrötung ca. doppelt so lange wie bei Nitritpökelsalz.

NITRITPÖKELSALZ

Nitritpökelsalz (oder auch Nitrit bzw. $NaNO_2$) ist eine Mischung aus Kochsalz und einem bestimmten Anteil salpetersaurem Natrium.

Nitritpökelsalz muss von Fachbetrieben vorgemischt werden und darf nur schon gemischt gekauft werden. Die Menge des Natriumanteils ist länderspezifisch und kann daher in unterschiedlichen Ländern voneinander abweichen. Wichtig beim Kauf ist es, auf die genaue Kennzeichnung und Beschreibung zu achten. Im deutschsprachigen Raum erkennt man Nitritpökelsalz klar an der Aufschrift „Nitritpökelsalz" und den roten Balken.

Nitritpökelsalz ist zentral für die rote **Farbhaltung** der Wurst bei bestimmten Würsten und **erhöht die Haltbarkeit**. Außer bei Bratwürsten und Weißwürsten („weiße Ware") wird Nitrit bei nahezu allen Wurstsorten beigegeben. Es verhindert die Vergrauung des Endprodukts und erhöht die Produktsicherheit durch die erhöhte Haltbarkeit.

Das Nitritpökelsalz wird der rohen Masse beigemengt und sorgt zunächst für die Vergrauung des Fleisches. Erst durch das Erhitzen entsteht ein beständiges stabiles Pökelrot.

WICHTIG! Richtig lagern

Nitritpökelsalz muss immer vor Feuchtigkeit geschützt werden und sollte daher in trockenen Räumen gut verschlossen gelagert werden. Auf das Verbrauchsdatum achten, da sonst die Umrötung leiden kann.

ASCORBINSÄURE (VITAMIN C)

Ascorbinsäure ist für die **Stabilität der Umrötung** von Würsten wichtig. Würste können grundsätzlich auch ohne Ascorbinsäure hergestellt werden, allerdings verläuft die Umrötung mit Ascorbinsäure verlässlicher und stabiler. Die Zugabe von Ascorbinsäure hat außerdem den Nebeneffekt, dass das Restnitrit und die Nitrosaminbildung verhindert bzw. reduziert wird. Die Zugabe von Ascorbinsäure erfolgt nur in Verbindung mit Nitritpökelsalz, d. h. nur bei rötender Wurst. Für Würste, die mit Kochsalz hergestellt werden („weiße Ware", wie z. B. Brat- und Weißwurst), ist sie irrelevant.

BINDEHILFSMITTEL PHOSPHAT

Phosphat ist verantwortlich für die **Bindung der Wurst**. Es ist ein natürlicher Bestandteil jedes Muskels, der u. a. für die Beweglichkeit des Muskels eine Rolle spielt. Es wird nach der Schlachtung während des Übergangs von Warm- zu Kaltfleisch natürlich abgebaut (bei Rindfleisch innerhalb von 12 Stunden nach der Schlachtung, bei Schweinefleisch innerhalb einer Stunde). Um die Konsistenz und damit die Qualität des Fleisches auch nach dem Abbau des natürlichen Phosphats zu erhalten, ersetzt man daher das abgebaute Phosphat durch Fremdphosphate.

Das Bindehilfsmittel Phosphat kann im Fachhandel erstanden werden. Generell gibt man pro Kilo Muskelfleisch (also ohne Speck, Wasser oder andere Zusatzstoffe) 5 g Phosphat bei.

FLEISCH- UND SPECKQUALITÄTEN

Rindfleisch der Sorte 1

Ohne jeglichen Fett- und Sehnenanteil
Zur Herstellung von Brät und als Einlage in Brüh- und Rohwürsten

Rindfleisch der Sorte 2

Leicht erkennbarer Fett- und Sehnenanteil
Zum Verwenden für Einlagefleisch, Roh- und Dauerwürste

Rindfleisch der Sorte 3

Mit höherem Fett- und Sehnenanteil (Wade)
Für kräftige und deftige Wurstsorten

Bindegewebe und Sehnen = Bindegewebseiweiß

Schweinefleisch der Sorte 1

Ohne Sehnen und Fett am Fleisch erkennbar (Schinken)

Als Einlagefleisch in groben Stücken und zur Herstellung von Wurstbrät

Schweinefleisch der Sorte 2

Leicht mit Sehnen und Fett durchzogenes Schweinefleisch (alles, das der Kategorie S I und S III nicht entspricht)

Einlagefleisch für alle Roh-, Brüh- und Dauerwürste, zur Beimengung bei der Brätherstellung

Schweinefleisch der Sorte 3

Mit Sehnenanteil und Fett behaftetes Schweinefleisch (z. B. Stelze ohne Schwarte und Kaumuskulatur)

In fein zerkleinerten Teilen in Koch- und Brühwürsten

Nacken- und Rückenspeck

Für die Einlage bei Brühdauerwürsten und Rohwürsten

Fettwammen und Zuputzspeck

Zur Verwendung von streichfähigen Kochwürsten

Bauchspeck

Als Einlagespeck für alle Wurstarten geeignet. Bauchspeck nahe des Rückens ist eher fest (besser für Rohwurst), die Bauchseite ist eher weich und für Kochwürste und streichfähige Würste geeignet.

GEWÜRZE FÜR DIE FLEISCHVERARBEITUNG

Beim Würzen der Würste sind kaum Grenzen gesetzt und je nach Geschmack und persönlichen Vorlieben kann frei experimentiert werden. Die häufigsten Gewürze in der Wurstherstellung sind unten angeführt, sie können aber frei ergänzt werden. Im Handel stehen darüber hinaus bei Bedarf fertige Gewürzmischungen für unterschiedliche Wurstsorten zu Verfügung.

Gewürze	Eigenschaften	Verwendung
Cayennepfeffer (Chilis)	Scharf im Geschmack Schwach im Geruch	Zur Würzung aller scharfen Würste – VORSICHT SEHR SCHARF
Fenchel	Geschmack süß-würzig Geruch aromatisch	Bei einigen Rohwurstsorten
Gewürznelken	Geruch kräftig Geschmack feurig-brennend	Brat-, Koch- und Leberwürste
Ingwer	Scharfer Geruch und Geschmack	Roh-, Koch- und Fleischwürste
Kardamom	Geruch und Geschmack feurig-würzig	Roh-, Streich- und Kochwürste
Knoblauch	Stark anhaltender Geruch und Geschmack	Bei allen Würsten
Koriander	Geruch aromatisch Geschmack süßlich	Koch-, Roh- und Brühwürste
Kümmel	Geruch würzig Geschmack beißend	Koch-, Brüh- und Rohwürste
Muskatnuss	Geruch angenehm Geschmack würzig	Fleisch- und Kochwürste
Paprika	Geruch und Geschmack von mild bis scharf	Fleisch- und Rohwürste
Pfeffer grün schwarz weiß	Mild würzig Geschmack brennend-scharf Milder als schwarzer Pfeffer	Für alle Koch-, Fleisch- und Rohwürste
Piment – Neugewürz	Geruch und Geschmack sind pfefferartig	Koch-, Roh- und Fleischwürste
Senfkörner	Geruchlos, scharfer Geschmack	Bei einigen Fleischwürsten
Zwiebel	Geruch und Geschmack scharf brennend	Kochwürste

Cayennepfeffer (Chilis)
Fenchel
Gewürznelken
Ingwer
Kardamom
Knoblauch
Koriander

Kümmel ▸
◂ Muskatnuss
Paprika ▸
◂ Pfeffer (grün, weiß, schwarz)
Piment – Neugewürz ▸
◂ Senfkörner
Zwiebel ▸

DÄRME

Naturdärme

Eine der ältesten Methoden, Fleisch haltbar zu machen, war das Konservieren in Naturdärmen. In der heutigen Zeit verwendet man Naturdärme, um der Wurst verschiedene Formen und auch Farbe (helle oder dunklere Räucherung) zu geben. Die Kategorie „Saitlinge" ist die feinste und zarteste aller Naturdärme und zeichnet sich durch ihren knackigen Biss aus.

Hauptsächliche Tierarten sind bei Naturdärmen Rind, Schwein und Schaf; nur bei speziellen Würsten wird auch Pferd und Ziege verwendet.

Bei Schaf- und Schweinssaitlingen wird in 2-mm-Schritten kalibriert (z. B. Schweinssaitlinge 28/30 oder 30/32). Bei Rindernaturdärmen meist in 3-mm-Schritten oder bei stärkeren Kalibern ab 45 mm in 5-mm-Schritten.

Sortierung

Wenn im Fachhandel füllfertige Naturdärme in Kübeln oder Kunststoffbeuteln angeboten werden, dann steht meist das Kaliber auf der Verpackung, ansonsten gelten folgende Farbmarkierungen:

Naturdärme/ Farbmarkierung	Kranzdarm Rind	Saitlinge Schwein	Saitlinge Schaf
Gelb	unter 30 mm	unter 26 mm	unter 16 mm
Gelb-Weiß	30 mm/32 mm	26 mm/28 mm	16 mm/18 mm
Blau	32 mm/35 mm	28 mm/30 mm	18 mm/20 mm
Blau-Weiß	35 mm/37 mm	30 mm/32 mm	20 mm/22 mm
Rot	37 mm/40 mm	32 mm/34 mm	22 mm/24 mm
Rot-Weiß	40 mm/43 mm	34 mm/36 mm	24 mm/26 mm
Grün	43 mm/46 mm	36 mm/40 mm	26 mm/28 mm
Grün-Weiß	über 46 mm	über 40 mm	über 28 mm

Zweite Ware (Sekundarqualität) ist zusätzlich mit einem grauen Band markiert.

Wursthüllen, die maschinell hergestellt werden

War es früher nur möglich, mit Naturdarm zu arbeiten, hat man heute die Möglichkeit, Därme maschinell herzustellen. Die dadurch gewonnene Vielfalt ist fast grenzenlos an Farbe, Form und Eigenschaften. Die Arten reichen von völlig wasserundurchlässigen Därmen (dadurch keine Abtrocknung bzw. Raucharoma möglich) bis zu Wursthüllen, die dem Naturdarm sehr ähneln.

Der aus mehreren Schichten bestehende Faserdarm ist rauchdurchlässig, wasserabgebend, leicht schälbar und besitzt eine hohe Reißfestigkeit. Dadurch ist er fast bei allen Brüh- und Dauerwürsten einsetzbar.

Natur- oder Hautfaserdarm

Der Hautfaserdarm unterscheidet sich vom gewöhnlichen Faserdarm dadurch, dass er noch besser das Wasser in der Wurstmasse abgeben kann, wodurch er besonders für Rohwürste aller Art bevorzugt wird.

GRUNDVORGÄNGE UND -TECHNIKEN

ZERKLEINERN UND WOLFEN

Während das Fleisch früher mit Wiegemesser und Hacke zerkleinert wurde, ist es heute einfacher, das Fleisch mit dem Fleischwolf zu zerkleinern. Dazu wird zunächst das Fleischstück in Würfel geschnitten, die klein genug sind, um bequem ins Rohr des Wolfs zu passen und von allein in den Wolf zu fallen. Generell sollte langsam gewolft werden und der Stopfer des Wolfs nur im Ausnahmefall verwendet werden, damit das Fleisch schonend gewolft wird. Wichtig ist außerdem ein sauberer Schnitt des Materials. Dafür muss das Messer im Wolf stets scharf sein und sollte gut und ohne Schiefstellung an den Lochscheiben anliegen. Die Größe der Lochscheiben hängt von der Art der Wurst und den eigenen Vorlieben ab.

Verschiedene Maschinen zum Wolfen, von handbetrieben bis zum Profi-Gerät

Befüllen des Wolfes mit dem vorgeschnittenen Fleisch

Den zurechtgeschnittenen Speck wolfen.

Feine Lochscheibe z. B. für Leberkäse, mittlere Lochscheibe z. B. für Rohwürste, größere Lochscheibe z. B. für Speckeinlagen (Abb. links); Kreuzmesser (Abb. oben)

Fleisch wolfen.

Das Wechseln der Lochscheibe

Speck nach dem Wolfen

VORBEREITEN DER DÄRME

Das Vorbereiten der Därme unterscheidet sich je nachdem, ob Naturdärme, Natur- bzw. Hautfaserdärme oder industriell hergestellte Hüllen verwendet werden.

Naturdärme

Da die Naturdärme ausschließlich in einer konzentrierten Salzlake gelagert werden, ist es wichtig, sie vor dem Füllen gründlich **durchzuwaschen**, um alle Salzreste zu entfernen.

Danach ein bis zwei Stunden in lauwarmem Wasser oder über Nacht im Kühlschrank **auswässern**, damit der Darm elastisch wird und sich prall füllen lässt.

Wenn eine pralle, glatte Oberfläche erwünscht ist, muss man die Würste nach dem Erhitzen duschen oder ca. 15 Minuten in kaltes (ca. 15 °C) Wasser tauchen.

Werden nicht alle Därme gebraucht, können die Därme gut abgetropft und mit Kochsalz bedeckt werden und anschließend in einem geschlossenen Gefäß aufbewahrt werden. Gut gekühlt und gesalzen sind Naturdärme ein bis eineinhalb Jahre haltbar.

Eingeweichte Därme

Hautfaserdärme

Hautfaserdärme weicht man in eine 10- bis 15%ige Salzlake ein, und zwar bei einer Wassertemperatur, die nicht über 30 °C beträgt, damit sich nicht die Wurstmasse mit der Hülle so stark verbindet, dass sie sich schlecht abschälen lässt.

Wursthüllen, die maschinell hergestellt werden

Wenn vom Hersteller nicht anders empfohlen, wird der Faserdarm mindestens 30 bis 40 Minuten bei einer Wassertemperatur von 40 °C eingelegt. Bei Därmen, wo die Wurstsorte aufgedruckt ist, muss die Einlegezeit verdoppelt werden, damit die bedruckten Stellen auch weich und dehnbar werden. Durch das Einlegen im Wasser wird der Darm weich und elastisch, damit kann er auch über Kaliber gefüllt werden. Dies verhindert eventuell bei nicht optimaler Emulsion oder zu hoher Brühtemperatur einen Fett- oder Geleeabsatz und es kann die Faltenbildung der Wursthülle verringert werden.

In lauwarmes Wasser eingeweichte Wursthüllen

Faserdärme sind bei sachgerechter und trockener Lagerung fast unbegrenzt haltbar. Eingeweichte Därme, die nicht mehr gebraucht werden, kann man für einige Monate gut verpackt tiefgefroren lagern.

BEFÜLLEN DER DÄRME

Nach dem Vorbereiten der Därme kann die Masse in die Därme oder Hüllen gefüllt werden. Dazu kann man entweder einen Füllaufsatz auf dem Fleischwolf oder einen Kolbenfüller verwenden. Der Füllrohrdurchmesser soll je nach Kalibergröße der Därme angepasst werden. Vor dem Aufziehen des Darms auf das Füllrohr wird das Rohr mit Wasser leicht benetzt, damit der Darm nicht festkleben kann.

Beim Befüllen der Füllmaschine sollte darauf geachtet werden, dass möglichst wenig Luft in die Masse gelangt. Dafür teilt man die Masse in faustgroße Kugeln und wirft sie mit Schwung in den Füllbehälter. Danach mit dem Handrücken noch etwas nachdrücken. Bevor die Vorderseite der Wurst zuge-

Wurstfüllmaschinen gibt es in allen Größen, von der Wurstspritze bis zum großen Profigerät.

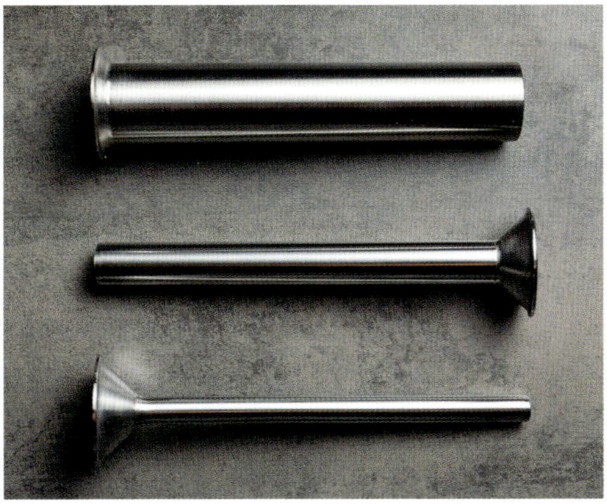

Der Füllrohrdurchmesser soll den Darmkalibern angepasst sein.

In lauwarmes Wasser eingeweichter Darm

Aufziehen der Därme aufs Füllrohr

Befüllen der Därme

Befüllen der Därme

Die fertig gefüllten Würste

Abbinden am Ende des Darms

Durchstechen der Bratwürste als Vorbereitung zum Braten

bunden wird, soll im offenen Zustand schon etwas Masse aus der Maschine in den Darm gelassen werden, damit sich nicht am Beginn der Wurst große Luftpolster bilden.

Sollte dennoch Luft in die gefüllten Därme eingeschlossen sein, können diese mit einer feinen Nadel aufgestochen werden.

Sicherstellen, dass keine Luft in den Darm miteingefüllt wird.

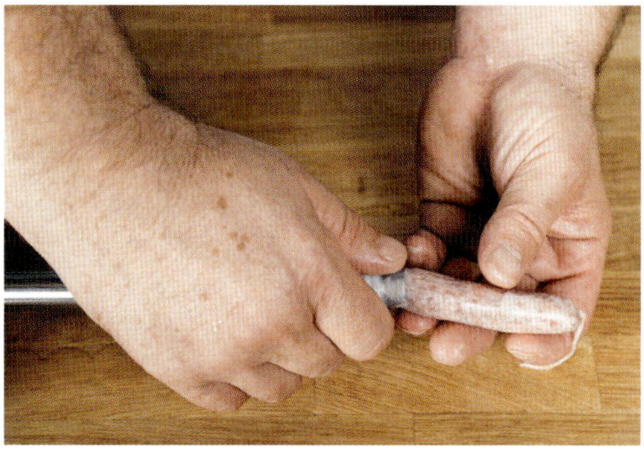

Beginnen mit dem Befüllen

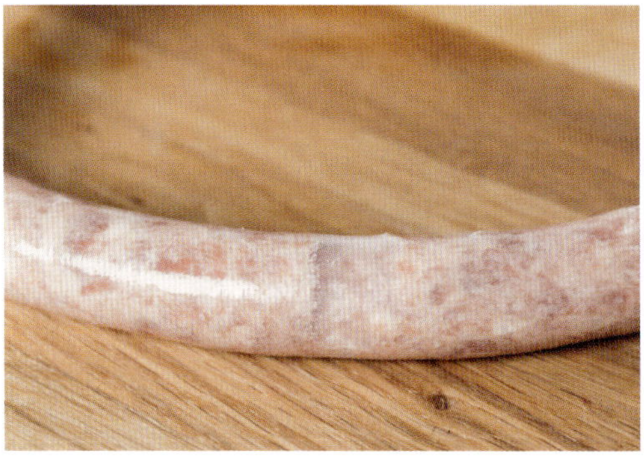

Lufteinschluss in der Masse

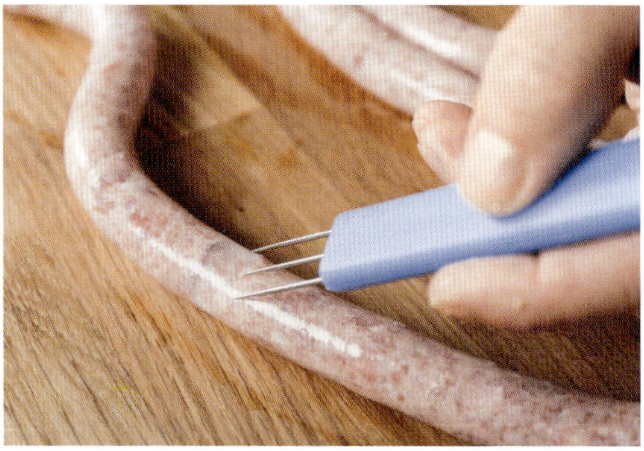

Mit einer feinen Nadel oder einem Stipper aufstechen.

Wichtig ist auch, dass die Därme nicht zu fest gefüllt sind, da sie sonst beim Abdrehen aufplatzen können. Das kann man vor dem Abdrehen kontrollieren, indem man auf beiden Seiten mit dem Daumen in die Würste drückt. Wenn diese sich leicht zusammendrücken lassen, ist der Darm richtig gefüllt. Abgedreht wird mit drei bis fünf Umdrehungen der Würste. Nach diesen Umdrehungen sollte der Darm prall und ohne Falten sein. Dünnere Würste können auch zu einer Schnecke geformt und im Ganzen gebraten werden.

Die gewünschte Größe der Portionen bestimmen.

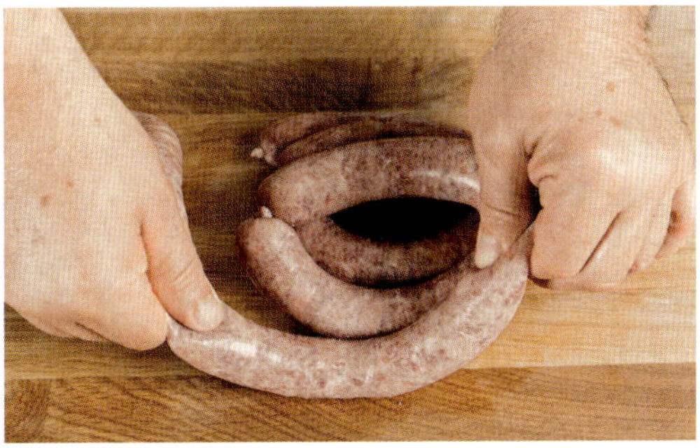

So viele Wurste portionieren, dass sie auf der Selchstange Platz finden.

KOCHEN BZW. BRÜHEN

Brüh- und Kochwürste werden bei einer Wassertemperatur von 79 °C gebrüht. Da die Brühtemperatur nicht zu stark davon abweichen darf, ist es sinnvoll, mit einem Thermometer zu arbeiten. Wichtig ist zudem, ein hitzebeständiges Gitter o. Ä. zwischen Topfboden und Würste zu legen, damit die Würste nicht am Boden aufliegen können und gleichmäßig von Wasser umgeben sind. Gut bewährt für Hobbyproduzenten sind elektrische Einkochtöpfe mit Thermostat, da diese eine konstante Temperatur gewährleisten können.

TIPP! Faustregel

Als Faustregel galt früher, dass pro Kilo Wurst ca. eine Stunde Kochzeit nötig ist. Als Anhaltspunkt kann diese Faustregel auch heute noch verwendet werden, allerdings empfiehlt es sich stark, ein Stichthermometer zu verwenden, um die Kerntemperatur der Wurst zu bestimmen (71 °C).

RÄUCHERN

Rauch hat eine **konservierende und geschmacksgebende Wirkung** auf das zu räuchernde Gut. Darüber hinaus gibt er dem Räuchergut auch seine typische goldgelbe bis bräunliche Farbe und sorgt für eine gewünschte Abtrocknung, die die Konservierung unterstützt.

Das Brennmaterial soll stets trocken und von Verunreinigungen frei sein sowie eine einigermaßen gleichmäßige Körnung aufweisen. Verwendung finden hauptsächlich Harthölzer wie Buche, Apfel, Erle oder Kirschholz. Bei weichen Hölzern, wie z. B. Beispiel bei Tanne und Fichte, besteht die Gefahr, dass es bei hohen Rauchtemperaturen zu Harz- und Teerablagerungen kommt und dies dem Räucherprodukt einen brennenden, bitteren bzw. leicht säuerlichen Geschmack verleiht.

Für Hobbyanwender bietet auch ein günstiger Blechschrank mit einem aufgebauten Rauchrohr und Lüftungsschlitzen in der Tür eine geeignete Alternative. Auch ein Smoker, bei dem im Rauchrohr eine Tür eingebaut ist, um Fleischware und Würste zu räuchern, eignet sich. Günstige originale Räucherschränke sind im Fachhandel schon um einen dreistelligen Eurobetrag erhältlich.

Würste gleichmäßig verteilen, damit der Rauch durchziehen kann.

Je nach Temperatur spricht man von Kalt- oder Warmrauch:

- Kaltrauch .... bis 24 °C
- Warmrauch ..... von 25 bis 50 °C
- Heißrauch .... von 50 bis 80 °C

Kalt geräuchert werden immer rohe Würste, die keiner erhöhten Temperatur ausgesetzt werden sollen, damit das Fett seine feste Konsistenz behält und nicht zu schmelzen beginnt.

REIFEN

Die Reifung von Rohwürsten ist ein komplexer Prozess, bei dem mehrere Faktoren, wie beispielsweise Luftfeuchtigkeit, Temperatur, Kaliberstärke der Rohwurst oder Wursthüllen, eine Rolle spielen.

Da am Anfang des Reifeprozesses in der Wurst noch ein sehr hoher Wassergehalt herrscht, ist gerade zu Beginn des Reifens die Gefahr sehr groß, dass die Wurst verdirbt. Unerwünschte Mikroorganismen und schädliche Bakterien fühlen sich in diesem Milieu sehr wohl und es ist daher darauf zu achten, so schnell wie möglich den Wassergehalt in der Wurst zu reduzieren. Wichtig dafür ist das **Füllen der Rohwurstmasse in sehr kaltem Zustand** – die ideale Temperatur dafür ist 0–2 °C. Dadurch bildet sich beim Befüllen kein Fettfilm an der Außenseite des Darms, der verhindert, dass die Wurst das Wasser nach außen abgeben kann.

Nach dem kalten Befüllen soll die Rohwurst in einem **temperierten, zugfreien Raum** (ca. 18 °C) abgestellt werden. Durch den großen Unterschied zwischen der Raumtemperatur und der Wursttemperatur beginnt das Wasser auf der Wurstoberfläche zu kondensieren – das sogenannte **Schwitzen**. Dadurch wird schnell eine große Menge an Wasser abgegeben und das Salz kann sich bis zu dem äußersten Rand der Wurst verteilen, wodurch ein grauer Rand vermieden und die Gefahr des Verderbens der Wurst rasch reduziert wird. In den ersten 12 bis 24 Stunden (je nach Kaliber) deckt man die Wurst mit einer Folie oder mit einem hygienischen, wenig luftdurchlässigen Material ab, damit die Wursthülle äußerlich nicht abtrocknet.

Nach dem Schwitzen soll die Wurst **äußerlich ganz abtrocknen** und man kann sie noch bei zugfreier Frischluftzufuhr je nach Kaliber 6 bis 24 Stunden durchröten lassen. Wenn die Wurst gut abgetrocknet ist, kann man bei Bedarf mit dem Räuchern beginnen und fortfahren, bis sie eine goldgelbe Farbe aufweist. Dabei soll im Raum eine Temperatur von 12–16 °C und eine Luftfeuchtigkeit von 75–77 % herrschen. Bei höheren Temperaturen verleiht man der Rohwurst zwar mehr Reifearoma, allerdings ist bei niedrigeren Temperaturen die Gefahr, ein Fehlprodukt zu erzeugen, nicht so groß.

HINWEIS! Faustregel

Es gilt: Je dünner und gröber die Wurst, umso leichter ist die Produktion; umgekehrt je dicker und feiner, desto schwieriger ist die Wurst zu reifen.

Thermometer und Hygrometer sind im Fachhandel um einige Euro erhältlich und sollten bei keiner Rohwurstreifung fehlen.

Sind keine speziellen Reifekammern oder Schränke vorhanden, empfiehlt es sich, die Produktion und Reifung in die **Wintermonate** zu verlegen, da in dieser Zeit die Luft kühler und trockener ist. Bei zu trockener Luft im Raum kann man Abhilfe schaffen, indem man – wenn es der Fußboden zulässt – den Boden mit Wasser benetzt oder in Wasser getränkte Materialien (gebrannter Ton), die langsam die Feuchtigkeit abgeben, in den Raum stellt. Schaf- und Schweinssaitlinge sind meist schon nach 8 bis 14 Tagen schnittfest, bei dickeren Kalibern kann das Reifen bis zu mehrere Monate dauern.

REZEPTE – BRÜHWÜRSTE

Als Brühwürste bezeichnet man jene Würste, welche mit frischem, rohem Fleisch und Speck verarbeitet und danach erhitzt werden. Je nach Sorte können die Würste gleich oder nach einer kurzen Trocknungsphase (Abtrocknungsgrad ab 5 %) verzehrt werden.

Eine Untergruppe der Brühwürste sind die Dauerwürste, die einen Abtrocknungsgrad von 35 % aufweisen müssen und ein Kaliber (Durchmesser) von 75 mm nicht überschreiten dürfen.

CHECKLISTE FÜR DIE ABLÄUFE BEI BRÜHWÜRSTEN

Die Checkliste ist ein allgemeiner Überblick über die Arbeitsvorgänge beim Herstellen von Brühwürsten in der richtigen Reihenfolge. Alle Einzelheiten zu den Arbeitsvorgängen sind im Rezept oder im allgemeinen Teil beschrieben.

CHECKLISTE! Portions- und Stangenware

- ✔ Därme oder Hüllen wässern
- ✔ Zutaten abwiegen und bereitstellen: Fleisch, Eiswasser, Salz, Gewürze, evtl. Käse o. Ä.
- ✔ Wolfen
- ✔ Eiswasser, Gewürze und Salz einmischen
- ✔ Gut durchkneten
- ✔ Därme oder Hüllen füllen, Luftblasen vermeiden
- ✔ Räuchern für Geschmacksgebung
- ✔ Brühen
- ✔ 10 Minuten in kaltem Wasser abschrecken
- ✔ Bei Stangenware: Zur Haltbarmachung kalt nachräuchern

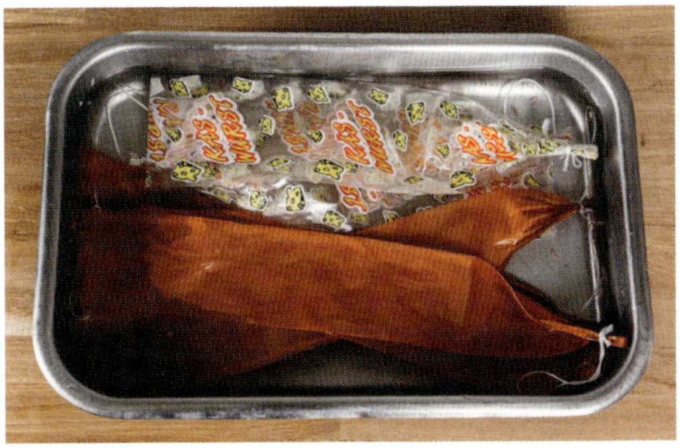

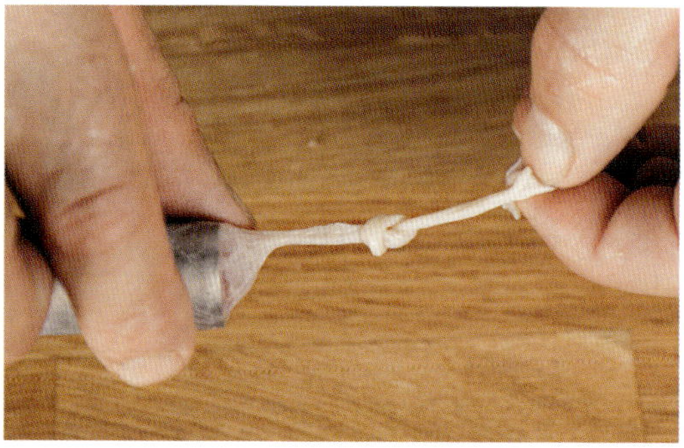

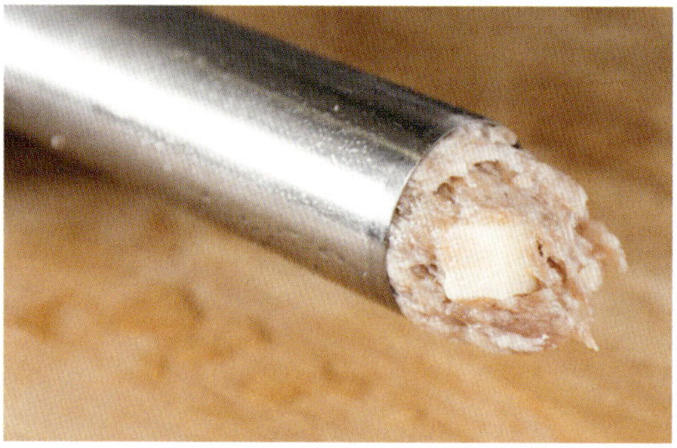

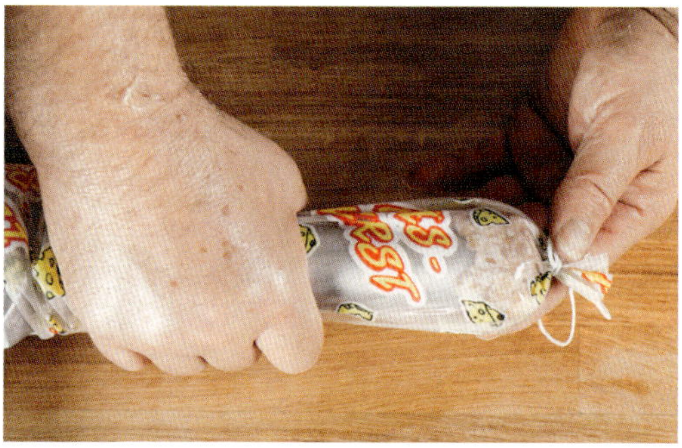

CHECKLISTE! Fleisch- oder Leberkäse

- ✔ Zutaten abwiegen und bereitstellen: Fleisch, Eiswasser, Salz, Gewürze, evtl. Käse o. Ä.
- ✔ Wolfen
- ✔ Eiswasser, Gewürze und Salz einmischen
- ✔ Gut durchkneten
- ✔ Formen vorbereiten und befüllen
- ✔ Braten und auskühlen lassen

LEBERKÄSE (FLEISCHKÄSE)

ZUTATEN

2,5 kg Rindfleisch Sorte 2, gut entsehnt und mit einem erkennbaren Fettanteil von ca. 5 %

2,7 kg mageres Schweinefleisch

2,5 kg Fettabschnitte, Nacken- oder Rückenspeck

2,3 kg Eiswasser

GEWÜRZE

180 g Nitritpökelsalz

25 g Bindehilfsmittel Phosphat

5 g Ascorbinsäure

Gewürze nach Geschmack (je kg Wurstmasse 4 bis 8 g):

Majoran

Thymian

Zwiebel

Pfeffer

Muskat

Paprika, edelsüß

Vorbereitung

Gut eingefettete Kasten- oder andere Backformen für die Leberkäsemasse oder im Fachhandel erhältliche Alu-Leberkäseformen vorbereiten. Für die angegebene Menge empfehlen sich Formengrößen von 250 g bis 2 kg, insgesamt werden Formen für 10 kg Masse benötigt.

Zubereitung

Fleisch und Speck in Fleischwolf gerechte Stücke schneiden.

Gewürze, Salz, Phosphatbindemittel, Ascorbinsäure und ca. die Hälfte des Eiswassers mit dem gesamten Fleisch vermischen und durch die 2- bis 3-mm-Scheibe wolfen. Die Masse mit dem Speck vermengen und mit dem restlichen Eis nochmal durch die 2- bis 3-mm-Scheibe wolfen. Zu einer bindigen Masse kneten.

Danach in die vorgefetteten Formen einschlagen und darauf achten, dass so wenig Luft wie möglich in die Masse eingeschlossen ist.

Im Ofen 30 Minuten bei 50 °C umröten lassen (siehe Erklärung S. 11) und dann bei ca. 100–110 °C auf 70 °C Kerntemperatur backen. Anschließend ca. 10 Minuten bei 180 °C bräunen.

Leberkäse leicht abkühlen lassen, dadurch zieht sich die Masse zusammen und der Leberkäse lässt sich leichter aus den Formen stürzen.

Mögliche Variation

Für pikanten Leberkäse ca. 2 % der Gesamtmasse getrocknete Paprika- oder Chiliflocken untermischen.

KÄSELEBERKÄSE

Vorbereitung

Gut eingefettete Kasten- oder andere Backformen für die Leberkäsemasse oder im Fachhandel erhältliche Alu-Leberkäseformen vorbereiten. Für die angegebene Menge empfehlen sich Formengrößen von 250 g bis 2 kg, insgesamt werden Formen für 10 kg Masse benötigt.

Zubereitung

Fleisch und Speck in Fleischwolf gerechte Stücke schneiden.

Gewürze, Salz, Bindehilfsmittel Phosphat, Ascorbinsäure und ca. die Hälfte des Eiswassers mit dem gesamten Fleisch vermischen und durch die 2- bis 3-mm-Scheibe wolfen. Die Masse mit dem Speck vermengen und mit dem restlichen Eis nochmal durch die 2- bis 3-mm-Scheibe wolfen. Den 1 x 1 cm groß gewürfelten Käse dazugeben und zu einer bindigen Masse kneten.

Danach in die vorgefetteten Formen einschlagen und darauf achten, dass so wenig Luft wie möglich in die Masse eingeschlossen ist.

Im Ofen 30 Minuten bei 50 °C umröten lassen und dann bei ca. 100–110 °C auf 70 °C Kerntemperatur backen. Anschließend ca. 10 Minuten bei 180 °C bräunen.

Leberkäse leicht abkühlen, dadurch zieht sich die Masse zusammen und der Leberkäse lässt sich leichter aus den Formen stürzen.

ZUTATEN

2 kg Rindfleisch, gut entsehnt und mit einem erkennbaren Fettanteil von ca. 5 %

2,2 kg mageres Schweinefleisch

2 kg Fettabschnitte, Nacken- oder Rückenspeck

1,8 kg Eiswasser

2 kg gewürfelten Schnitt- oder Bergkäse

GEWÜRZE

180 g Nitritpökelsalz

25 g Bindehilfsmittel Phosphat

5 g Ascorbinsäure

Gewürze nach Geschmack (je kg Wurstmasse 4 bis 8 g):

Majoran

Thymian

Zwiebel

Pfeffer

Muskat

Paprika, edelsüß

CABANOSSI

ZUTATEN

Grundbrät:

2,3 kg fettfreies Rind- oder Schweinefleisch der Qualitätsklasse 2

0,7 kg Eiswasser

Einlagefleisch:

5,7 kg mageres Schweinefleisch

2,3 kg kernigen Speck

Naturdärme Kaliber 22/24 oder 24/26 (Schafseitling)

GEWÜRZE

200 g Nitritpökelsalz

15 g Bindehilfsmittel Phosphat (nur fürs Grundbrät)

5 g Ascorbinsäure

Gewürze nach Geschmack (je kg Wurstmasse 4 bis 8 g):

Pfeffer

Paprika, edelsüß

Knoblauch

Zubereitung

Schweinefleisch und Speck am Vortag mit 140 g Nitritpökelsalz vorsalzen und umröten lassen (siehe Erklärung S. 11).

Rindfleisch, Phosphat und 60 g Nitritpökelsalz sowie die restlichen Gewürze gut vermischen und Eis hinzugeben. Mit der 3-mm-Scheibe wolfen und zu einer bindigen Masse kneten.

Die restliche Fleisch- und Speckmasse durch die 6-mm-Scheibe wolfen und das Einlagefleisch mit dem Grundbrät gleichmäßig vermengen. In die dafür vorgesehenen Därme füllen (siehe Erklärung S. 22) und zu ca. 120 g großen Paaren abdrehen.

Danach die Oberflächen abtrocknen lassen und räuchern, bis die Würste goldgelb sind. Dies dauert je nach Rauchtemperatur unterschiedlich lang: Bei einer Rauchtemperatur von 50–60 °C (Warmrauch) benötigt man zwischen 35 und 45 Minuten und bei einer Rauchtemperatur bis 24 °C (Kaltrauch) benötigt man zwischen 6 und 8 Stunden.

Anschließend ca. 30 Minuten brühen, kurz in kaltem Wasser abkühlen. Bei Bedarf kann anschließend noch kurz nachgeräuchert werden. Aufhängen und trocknen.

KRAINER

Zubereitung

Schweinefleisch und Speck am Vortag mit 140 g Nitritpökelsalz vorsalzen und umröten lassen (siehe Erklärung S. 11).

Rind- oder Schweinefleisch, Phosphat und 60 g Nitritpökelsalz gut vermischen und Eis sowie die restlichen Gewürze hinzugeben. Mit der 3-mm-Scheibe wolfen und zu einer bindigen Masse kneten.

Die restliche Fleisch- und Speckmasse durch die 8-mm-Scheibe wolfen und das Einlagefleisch mit dem Grundbrät gleichmäßig vermengen. In die dafür vorgesehenen Därme füllen (siehe S. 22) und zu ca. 120 g großen Stücken abdrehen.

Danach die Oberflächen abtrocknen lassen und räuchern, bis die Würste eine goldgelbe Farbe aufweisen. Dies dauert je nach Rauchtemperatur unterschiedlich lang: Bei einer Rauchtemperatur von 50–60 °C (Warmrauch) benötigt man zwischen 35 und 45 Minuten und bei einer Rauchtemperatur bis 24 °C (Kaltrauch) benötigt man zwischen 6 und 8 Stunden.

Anschließend ca. 30 Minuten brühen, danach 15 Minuten in kaltem Wasser auskühlen lassen, um eine gute Spannung der Würste zu erzielen.

ZUTATEN

Grundbrät:

2,3 kg Rind- oder Schweinefleisch der Qualitätsklasse 1

0,7 kg Eiswasser

Einlagefleisch:

5,7 kg mageres Schweinefleisch

2,3 kg kernigen Speck

Naturdärme Kaliber 30/32 (Schweinsseitling)

GEWÜRZE

200 g Nitritpökelsalz

15 g Phosphatbindemittel (nur fürs Grundbrät)

5 g Ascorbinsäure

Gewürze nach Geschmack (je kg Wurstmasse 4 bis 8 g):

Pfeffer

Kümmel

Muskat

Paprika, edelsüß

Knoblauch

KÄSEKRAINER

ZUTATEN

Grundbrät:

2,3 kg Rind- oder Schweinefleisch der Qualitätsklasse 1

0,7 kg Eiswasser

Einlagefleisch:

5,9 kg mageres Schweinefleisch

2,1 kg kernigen Speck

2 kg gewürfelten Schnittkäse (z. B. Emmentaler oder Bergkäse)

Naturdärme Kaliber 30/32 (Schweinsseitling)

GEWÜRZE

200 g Nitritpökelsalz

15 g Phosphatbindemittel (nur fürs Grundbrät)

5 g Ascorbinsäure

Gewürze nach Geschmack (je kg Wurstmasse 4 bis 8 g):

Pfeffer

Kümmel

Muskat

Paprika, edelsüß

Knoblauch

Zubereitung

Schweinefleisch und Speck am Vortag mit 140 g Nitritpökelsalz vorsalzen und umröten lassen (siehe Erklärung S. 11).

Rindfleisch, Phosphat und 60 g Nitritpökelsalz gut vermischen und Eis sowie die restlichen Gewürze hinzugeben. Mit der 3-mm-Scheibe wolfen und zu einer bindigen Masse kneten.

Die restliche Fleisch- und Speckmasse durch die 8-mm-Scheibe wolfen und das Einlagefleisch sowie den Käse mit dem Grundbrät gleichmäßig vermengen. In die dafür vorgesehenen Därme füllen (siehe Erklärung S. 22) und zu ca. 120 g großen Stücken abdrehen.

Danach die Oberflächen abtrocknen lassen und räuchern, bis die Würste eine goldgelbe Farbe aufweisen.

Anschließend ca. 30 Minuten brühen, danach 15 Minuten in kaltem Wasser auskühlen lassen, um eine gute Spannung der Würste zu erzielen.

KÄSEWURST

Zubereitung

Einlagefleisch und Speck am Vortag mit 140 g Nitritpökelsalz vorsalzen und umröten lassen (siehe Erklärung S. 11).

Das Fleisch für das Grundbrät mit Phosphat und 60 g Nitritpökelsalz gut vermischen und Eis sowie die restlichen Gewürze hinzugeben. Mit der 3-mm-Scheibe wolfen und zu einer bindigen Masse kneten.

Die am Vortag gesalzene Fleisch- und Speckmasse durch die 8-mm-Scheibe wolfen und das Einlagefleisch sowie den Käse mit dem Grundbrät gleichmäßig vermengen. In die dafür vorgesehenen Därme füllen.

Danach einige Stunden umröten lassen und räuchern, bis die Wurst eine goldgelbe Farbe aufweist.

Anschließend bei einer Wassertemperatur von 75–78 °C auf eine Kerntemperatur von 70 °C brühen, danach noch einige Stunden oder über Nacht kalt räuchern.

ZUTATEN

Grundbrät:

2,3 kg Rind- oder Schweinefleisch der Qualitätsklasse 2

0,7 kg Eiswasser

Einlagefleisch:

5,9 kg mageres Schweine- oder Rindfleisch

2,1 kg kernigen Speck

2 kg gewürfelten Schnittkäse (z. B. Emmentaler oder Bergkäse; gewürfelt 1 x 1 cm)

Faserdärme, Kaliber 60 mm, 75 mm oder 90 mm

GEWÜRZE

200 g Nitritpökelsalz

15 g Phosphatbindemittel (nur fürs Grundbrät)

5 g Ascorbinsäure

Gewürze nach Geschmack (je kg Wurstmasse 4 bis 8 g):

Pfeffer, geschrotet

Kümmel

Muskat

Paprika, edelsüß

Knoblauch

Piment

JAUSENWURST NACH WIENER ART

ZUTATEN

Grundbrät:

2,3 kg Rind- oder Schweinefleisch der Qualitätsklasse 2

0,7 kg Eiswasser

Einlagefleisch:

5,5 kg mageres Schweine- oder Rindfleisch

2,5 kg kernigen Speck

Faserdärme, Kaliber 60 mm, 75 mm oder 90 mm

GEWÜRZE

200 g Nitritpökelsalz

15 g Phosphatbindemittel (nur fürs Grundbrät)

5 g Ascorbinsäure

Gewürze nach Geschmack (je kg Wurstmasse 4 bis 8 g):

Kümmel

Muskat

Paprika, edelsüß

Knoblauch

Piment

Koriandersamen

Zubereitung

Einlagefleisch und Speck am Vortag mit 140 g Nitritpökelsalz vorsalzen und umröten lassen (siehe Erklärung S. 11).

Das Fleisch für das Grundbrät mit Phosphat und 60 g Nitritpökelsalz gut vermischen und Eis sowie die restlichen Gewürze hinzugeben. Mit der 3-mm-Scheibe wolfen und zu einer bindigen Masse kneten.

Die am Vortag gesalzene Fleisch- und Speckmasse durch die 3-mm-Scheibe wolfen und das Einlagefleisch mit dem Grundbrät gleichmäßig vermengen. In die dafür vorgesehenen Därme füllen.

Danach einige Stunden umröten lassen und räuchern, bis die Wurst eine goldgelbe Farbe aufweist.

Anschließend bei einer Wassertemperatur von 75–78 °C auf eine Kerntemperatur von 70 °C brühen, danach noch einige Stunden oder über Nacht kalt räuchern.

POLNISCHE

Zubereitung

Einlagefleisch und Speck am Vortag mit 140 g Nitritpökelsalz vorsalzen und umröten lassen (siehe Erklärung S. 11).

Das Fleisch für das Grundbrät mit Phosphat und 60 g Nitritpökelsalz gut vermischen und Eis sowie die restlichen Gewürze hinzugeben. Mit der 3-mm-Scheibe wolfen und zu einer bindigen Masse kneten.

Die am Vortag gesalzene Fleisch- und Speckmasse durch die 3-mm-Scheibe wolfen und das Einlagefleisch mit dem Grundbrät gleichmäßig vermengen. In die dafür vorgesehenen Därme füllen.

Danach einige Stunden umröten lassen und räuchern, bis die Wurst eine goldgelbe Farbe aufweist.

Anschließend bei einer Wassertemperatur von 75–78 °C auf eine Kerntemperatur von 70 °C brühen, danach noch einige Stunden oder über Nacht kalt räuchern.

ZUTATEN

Grundbrät:

2,3 kg Rind- oder Schweinefleisch der Qualitätsklasse 2

0,7 kg Eiswasser

Einlagefleisch:

5,5 kg mageres Schweine- oder Rindfleisch

2,5 kg kernigen Speck

Faserdärme, Kaliber 60 mm, 75 mm oder 90 mm

GEWÜRZE

200 g Nitritpökelsalz

15 g Phosphatbindemittel (nur fürs Grundbrät)

5 g Ascorbinsäure

Gewürze nach Geschmack (je kg Wurstmasse 4 bis 8 g):

Kümmel

Pfeffer, geschrotet

Muskat

Paprika, edelsüß

Knoblauch

Piment

Koriandersamen

ROSTBRATWURST

ZUTATEN

Grundbrät:

2,3 kg Schweinefleisch der Qualitätsklasse 2

0,7 kg Eiswasser

Einlagefleisch:

5,7 kg mageres Schweinefleisch

2,3 kg kernigen Speck

Naturdärme Kaliber 22/24 oder 24/26 (Schafsaitling) oder Schweinssaitlinge Kaliber 28/30

GEWÜRZE

200 g Kochsalz

15 g Phosphatbindemittel (nur fürs Grundbrät)

Gewürze nach Geschmack (je kg Wurstmasse 4 bis 8 g):

Pfeffer, grün

Frischzwiebel

Knoblauch

Majoran

Ingwer

Koriandersamen

Zubereitung

Das Fleisch für das Brät mit Phosphat und 60 g Salz gut vermischen und Eis hinzugeben. Mit der 3-mm-Scheibe wolfen und zu einer bindigen Masse kneten.

Die restliche Fleisch- und Speckmasse durch die 6-mm- oder 8-mm-Scheibe wolfen (je nach Kaliber der Saitlinge) und das Einlagefleisch mit dem Grundbrät und den restlichen Gewürzen gleichmäßig vermengen. In die dafür vorgesehenen Därme füllen (siehe Erklärung S. 22–24) und zu ca. 120 g großen Paaren abdrehen.

Entweder noch am Tag der Produktion verzehren oder 30 Minuten brühen, in kaltem Wasser abkühlen und danach schnell kühlen.

TIPP! Wurstschnecke

Wer mag, kann auch eine lange Wurst abdrehen, diese zu einer Schnecke eindrehen und als Ganzes braten.

ROSTFREI

HAUSWURST MIT KÜRBISKERNEN

Zubereitung

Einlagefleisch und Speck am Vortag mit 140 g Nitritpökelsalz vorsalzen und umröten lassen (siehe Erklärung S. 11).

Das Fleisch für das Grundbrät mit Phosphat und 60 g Nitritpökelsalz gut vermischen und Eis sowie die restlichen Gewürze hinzugeben. Mit der 3-mm-Scheibe wolfen und zu einer bindigen Masse kneten.

Die am Vortag gesalzene Fleisch- und Speckmasse durch die 8-mm-Scheibe wolfen und das Einlagefleisch mit dem Grundbrät und den Kürbiskernen gleichmäßig vermengen. In die dafür vorgesehenen Därme füllen.

Danach 3–4 Stunden umröten lassen und räuchern, bis die Wurst eine goldgelbe Farbe aufweist.

Anschließend bei einer Wassertemperatur von 75–78 °C auf eine Kerntemperatur von 70 °C brühen, danach noch einige Stunden oder über Nacht kalt räuchern.

ZUTATEN

Grundbrät:

2,3 kg Rind- oder Schweinefleisch der Qualitätsklasse 2

0,7 kg Eiswasser

Einlagefleisch:

5,5 kg mageres Schweine- oder Rindfleisch

2,5 kg kernigen Speck

Wabendarm (Seidengewebe und darüber ein großmaschiges Kunststoffnetz), 75 mm oder 90 mm

GEWÜRZE

200 g Nitritpökelsalz

15 g Phosphatbindemittel (nur fürs Grundbrät)

5 g Ascorbinsäure

600 g Kürbiskerne

Gewürze nach Geschmack (je kg Wurstmasse 4 bis 8 g):

Kümmel

Pfeffer, geschrotet

Muskat

Paprika, edelsüß

Knoblauch

Piment

SPECKWURST

ZUTATEN

Grundbrät:

2,3 kg Rindfleisch der Qualitätsklasse 2

0,7 kg Eis oder Eiswasser

Einlagefleisch:

7 kg kernigen Speck, mit einem erkennbaren Fleischanteil von 15–20 %, in 0,8 x 0,8 cm große Würfel geschnitten

Rinderkranzdärme, 46 mm plus oder Faserdärme Kaliber 60

GEWÜRZE

200 g Nitritpökelsalz

15 g Phosphatbindemittel (nur fürs Grundbrät)

5 g Ascorbinsäure

Gewürze nach Geschmack (je kg Wurstmasse 4 bis 8 g):

Kümmel

Pfeffer

Muskat

Paprika, edelsüß und scharf

Piment

Zubereitung

Das Rindfleisch durch die 3-mm-Scheibe wolfen und mit Salz, Eis und Phosphatbindemittel sowie den restlichen Gewürzen gut vermengen. Danach zu einer bindigen Masse kneten.

Den in Würfel geschnittenen Speck (0,8 x 0,8 cm) mit dem Grundbrät vermengen und in die Därme füllen (siehe Erklärung S. 11).

Über Nacht räuchern, danach auf eine Kerntemperatur von 70 °C brühen und kalt nachräuchern.

FEHLER BEI BRÜH- UND DAUERWÜRSTEN

Fehler	Ursache	Abhilfe
Konsistenz zu weich	Zu hoher Fettanteil	Fettanteil reduzieren und auf Fettqualität achten
	Zu viel Wasser zugesetzt	Rezeptur mit weniger Wasser verwenden
	Zu hohe Verarbeitungs-temperatur	Verarbeitungstemperatur nicht über 12 °C
Konsistenz zu fest	Zu hoher Magerfleischanteil	Magerfleisch reduzieren
	Zu wenig Wasser beigemengt	Wassermenge erhöhen
	Zu hoher Bindegewebsanteil	Fleisch besser ausschneiden
Gelee- und Fettabsatz	Bindemittelzugabe zu gering oder vergessen	Zugabe laut Hersteller üblicherweise 5 g/kg Magerfleisch
	Salzzugabe zu niedrig	Zugabe von Salz 18–22 g/kg Wurstmasse
	Zu hoher Fett- und Wasseranteil	Wasser und Fett laut Rezeptur
	Stumpfes Schneidwerkzeug	Vom Fachmann schärfen lassen
Mangelnde Umrötung	Nitritpökelsalz überlagert	Ablaufdatum beachten
	Magerfleisch war zu lange vorgesalzen	Maximal drei Tage vorsalzen
	Zu geringe Zeit zum Umröten	Je nach Temperatur bis 8 Stunden
	Kochzeit war zu kurz	Kerntemperatur beachten: 70 °C
Mangelhafte Farbhaltung Grauer Kern	Überlagertes Magerfleisch	Frisches Fleisch verwenden
	Kerntemperatur nicht erreicht	Kerntemperatur: 70 °C
	Zu kurze Umrötungszeit	Umrötephase verlängern
Grüne Flecken in den Luftblasen	Kontaminiertes Wurstfleisch	Hygienisch einwandfreies Fleisch verarbeiten
	Überlagertes Nitritpökelsalz	Ablaufdatum beachten
	Zu viel Luft im Wurstbrät	Luft besser herauskneten
	Kerntemperatur nicht erreicht	Kerntemperatur kontrollieren: 70 °C

Fehler	Ursache	Abhilfe
Muffiger säuerlicher Geschmack	Überlagertes Fleischmaterial	Frisches Rohmaterial verwenden
	Ranziges Fett	Schlechte Fettqualität, zu warm gelagert
	Zu feucht gelagerte Räucherspäne	Räucherspäne trocken lagern
	Kerntemperatur nicht erreicht	Kerntemperatur beachten: 70 °C
	Zu hohe Lagertemperatur	Raumtemperatur reduzieren
Fehler außen, Darm stark faltig	Därme nicht gut gewässert	Vorbehandeln laut Hersteller
	Därme nicht stark genug befüllt	Därme prall füllen
	Luftfeuchtigkeit bei der Lagerung zu gering	Lagern bei ca. 77 % Luftfeuchtigkeit
Hülle platzt	Kontaminiertes Rohmaterial	Auf einwandfreies Fleischmaterial achten
	Därme zu stark gefüllt	Därme nicht zu stark überfüllen
	Därme nicht richtig vorbereitet	Vorbereiten laut Herstellerangaben
	Zu hohe Temperaturen beim Brühen und Räuchern	Brüh- und Räuchertemperatur nicht über 78 °C

REZEPTE – ROHWÜRSTE

Als Rohwurst bezeichnet man jene Würste, die mit rohem Fleisch und Speck verarbeitet werden und danach ohne Erhitzen gereift werden. Zusätzlich unterteilt werden sie noch in streich- bzw. schnittfeste Rohwürste. Streichfähige Rohwürste werden schon am nächsten Tag nach der Produktion und bis 14 Tage danach verzehrt. Bei schnittfesten Rohwürsten dauert es mindestens 3 bis 4 Wochen, bis sie so stabil sind, dass sie aufgeschnitten werden können.

CHECKLISTE FÜR DIE ABLÄUFE BEI ROHWÜRSTEN

Die Checkliste ist ein allgemeiner Überblick über die Arbeitsvorgänge beim Herstellen von Rohwürsten in der richtigen Reihenfolge. Alle Einzelheiten zu den Arbeitsvorgängen sind im Rezept oder im allgemeinen Teil beschrieben.

CHECKLISTE! Abläufe bei Rohwürsten

- ✔ Därme oder Hüllen wässern
- ✔ Fleisch vorfrieren
- ✔ Zutaten abwiegen und bereitstellen: Fleisch, Salz, Gewürze, evtl. Kürbiskerne o. Ä.
- ✔ Wolfen
- ✔ Gewürze und Salz einmischen
- ✔ Gut durchkneten
- ✔ Därme oder Hüllen füllen
- ✔ Schwitzen
- ✔ Räuchern
- ✔ Reifen

HAUSSALAMI

Zubereitung

Schweinefleisch für die leichtere Verarbeitung etwas anfrieren, allerdings nicht ganz durchfrieren, damit der Fleischwolf keinen Schaden nimmt. Speck in 0,5 x 0,5 cm große Würfel schneiden und vorfrieren.

Das vorgefrorene Schweinefleisch mit der 6-mm-Lochscheibe wolfen. Das Schweinefleisch mit dem in Würfel geschnittenen Speck und sämtlichen Gewürzen vermengen, das Kochsalz allerdings noch nicht beigeben.

Das Rindfleisch mit der 3-mm-Lochscheibe wolfen, mit dem Kochsalz und der restlichen Masse vermischen.

In die dafür vorgesehenen Därme füllen und die Fülltemperatur so niedrig wie möglich halten (0–4 °C), indem man die Produktion in einem Zug durchführt, um eine unnötige Erwärmung zu verhindern.

Einige Stunden bei Raumtemperatur umröten und reifen lassen, darauf achten, dass die Würste keinem Luftzug ausgesetzt sind, da sonst der äußere Rand der Würste vergrauen kann.

Mit Schimmelkulturen tauchen oder mit einer kleinen Handspritze (wie man sie auch für Zimmerpflanzen verwendet) besprühen, wie vom Hersteller empfohlen wird. Schimmelkulturen können im Fachhandel erstanden werden und unterscheiden sich in der Handhabung je nach Hersteller. Daher am besten je nach Herstellerempfehlungen vorgehen.

Bei geräucherter Salami nach dem Umröten die Oberfläche gut abtrocknen lassen, in mehreren Stufen kalt räuchern (bis maximal 24 °C). Ein Intervall beträgt bei einer konventionellen Räucherung ca. 5–7 Stunden. Die Häufigkeit der Rauchintervalle ist abhängig vom Räuchergut und der gewünschten Rauchfarbe. Bei ungeräucherter Salami sind alle Abläufe bis auf das Wegfallen des Räucherns gleich.

Reifen bei einer Temperatur von 10–14 °C und einer Luftfeuchtigkeit beginnend bei 85 %, die tageweise kontinuierlich auf 75 % reduziert wird. Je nach Kaliber der Würste dauert die Reife 2–6 Monate.

ZUTATEN FÜR 10 KG GESAMTMASSE

6 kg mageres Schweinefleisch der Qualitätsklasse 1

2,5 kg Nacken- oder Rückenspeck

1,5 kg Rindfleisch der Qualitätsklasse 1

Faserdärme oder Hautfaserdärme Kaliber 45 mm bis 65 mm

Schimmelkulturen für Salami (im Fachhandel erhältlich)

GEWÜRZE

260 g Kochsalz

37 g Kalisalpeter (Pökelsalz)

Gewürze nach Geschmack (je kg Wurstmasse 4 bis 8 g):

Muskat

Kardamom

Kümmel

Knoblauch

Pfeffer

Majoran

Piment

BAUERNROHWÜRSTCHEN

ZUTATEN

6 kg Schweinefleisch der Qualitätsklasse 1 mit einem leicht erkennbaren Fettanteil

2,5 kg Nacken- oder Rückenspeck

1,5 kg mageres Schweinefleisch der Qualitätsklasse 1 (nicht vorfrieren)

10 kg Gesamtmasse

Schweinssaitling Kaliber 30/32

GEWÜRZE

250 g Nitritpökelsalz

Gewürze nach Geschmack (je kg Wurstmasse 4 bis 8 g):

Kümmel

Knoblauch

Pfeffer

Majoran

Piment

Zubereitung

6 kg Schweinefleisch und Speck für die leichtere Verarbeitung etwas anfrieren, allerdings nicht ganz durchfrieren, damit der Fleischwolf keinen Schaden nimmt.

Das vorgefrorene Schweinefleisch und den Speck mit der 6-mm-Lochscheibe wolfen. Schweinefleisch, Speck und sämtliche Gewürze vermengen, allerdings das Nitritpökelsalz noch nicht hinzugeben.

Das nicht vorgefrorene Schweinefleisch mit der 3-mm-Lochscheibe wolfen, mit dem Nitritpökelsalz und der restlichen Masse vermischen.

In die dafür vorgesehenen Därme füllen, in ca. 120 g große Stücke abdrehen und die Fülltemperatur so niedrig wie möglich halten (0–4 °C), indem man die Produktion in einem Zug durchführt, um eine unnötige Erwärmung zu verhindern.

Einige Stunden bei Raumtemperatur umröten und reifen lassen, darauf achten, dass die Würste keinem Luftzug ausgesetzt sind, da sonst der äußere Rand der Würste vergrauen kann.

Vor dem Räuchern außen gut abtrocknen lassen und in mehreren Kaltrauchgängen auf die gewünschte goldgelbe Farbe räuchern. Ein Intervall beträgt bei einer konventionellen Räucherung ca. 5–7 Stunden. Die Häufigkeit der Rauchintervalle ist abhängig vom Räuchergut und der gewünschten Rauchfarbe.

Reifen bei einer Temperatur von 10–14 °C und einer Luftfeuchtigkeit beginnend bei 85 %, die tageweise kontinuierlich auf 75 % reduziert wird. Die Reifung dauert ca. 2–4 Wochen.

CHILIWURST

Zubereitung

Schweinefleisch und Speck für die leichtere Verarbeitung etwas anfrieren, allerdings nicht ganz durchfrieren, damit der Fleischwolf keinen Schaden nimmt.

Das vorgefrorene Schweinefleisch und den Speck mit der 4-mm-Lochscheibe wolfen. Schweinefleisch, Speck und sämtliche Gewürze vermengen, allerdings das Nitritpökelsalz noch nicht hinzugeben.

Das nicht vorgefrorene Schweinefleisch mit der 3-mm-Lochscheibe wolfen, dann mit dem Nitritpökelsalz und der restlichen Masse vermischen.

In die dafür vorgesehenen Därme füllen, in ca. 60–80 g schwere Paare abdrehen und die Fülltemperatur so niedrig wie möglich halten (0–4 °C), indem man die Produktion in einem Zug durchführt, um eine unnötige Erwärmung zu verhindern.

Einige Stunden bei Raumtemperatur abgedeckt umröten und reifen lassen, darauf achten, dass die Würste keinem Luftzug ausgesetzt sind, da sonst der äußere Rand der Würste vergrauen kann.

Vor dem Räuchern außen gut abtrocknen lassen und in mehreren Kaltrauchgängen auf die gewünschte goldgelbe Farbe räuchern. Ein Intervall beträgt bei einer konventionellen Räucherung ca. 5–7 Stunden. Die Häufigkeit der Rauchintervalle ist abhängig vom Räuchergut und der gewünschten Rauchfarbe.

Reifen bei einer Temperatur von 10–14 °C und einer Luftfeuchtigkeit beginnend bei 85 %, die tageweise kontinuierlich auf 75 % reduziert wird. Durch das kleine Kaliber sind diese Würstchen nach einigen Tagen schon so gut abgetrocknet, dass sie sich schon gut verzehren lassen.

ZUTATEN

6 kg Schweinefleisch der Qualitätsklasse 1 mit einem leicht erkennbaren Fettanteil

2,5 kg Nacken- oder Rückenspeck

1,5 kg mageres Schweinefleisch der Qualitätsklasse 1 (nicht vorfrieren)

10 kg Gesamtmasse

Schafsaitling Kaliber 20/22

GEWÜRZE

250 g Nitritpökelsalz

Gewürze nach Geschmack (je kg Wurstmasse 4 bis 8 g):

Chili scharf u. fruchtig

Thymian

Knoblauch

Pfeffer

Majoran

Piment

ROHWURST MIT KÜRBISKERNEN

ZUTATEN FÜR 10 KG GESAMTMASSE

6 kg Schweinefleisch der Qualitätsklasse 1 mit einem leicht erkennbaren Fettanteil

2,5 kg Nacken- oder Rückenspeck

1,5 kg mageres Schweinefleisch der Qualitätsklasse 1 (nicht vorfrieren)

600 g Kürbiskerne

Schweinssaitling Kaliber 30/32

GEWÜRZE

250 g Nitritpökelsalz

Gewürze nach Geschmack (je kg Wurstmasse 4 bis 8 g):

Kümmel

Knoblauch

Pfeffer

Majoran

Piment

Zubereitung

Schweinefleisch und Speck für die leichtere Verarbeitung etwas anfrieren, allerdings nicht ganz durchfrieren, damit der Fleischwolf keinen Schaden nimmt.

Das vorgefrorene Schweinefleisch und den Speck mit der 6-mm-Lochscheibe wolfen. Schweinefleisch, Speck und sämtliche Gewürze vermengen, allerdings das Nitritpökelsalz noch nicht hinzugeben.

Das nicht vorgefrorene Schweinefleisch mit der 3-mm-Lochscheibe wolfen, mit dem Nitritpökelsalz, den Kürbiskernen und der restlichen Masse vermischen.

In die dafür vorgesehenen Därme füllen, in ca. 120 g schwere Stücke abdrehen und die Fülltemperatur so niedrig wie möglich halten (0–4 °C), indem man die Produktion in einem Zug durchführt, um eine unnötige Erwärmung zu verhindern.

Einige Stunden bei Raumtemperatur abgedeckt umröten und reifen lassen, darauf achten, dass die Würste keinem Luftzug ausgesetzt sind, da sonst der äußere Rand der Würste vergrauen kann.

Vor dem Räuchern außen gut abtrocknen lassen und in mehreren Kaltrauchgängen auf die gewünschte goldgelbe Farbe räuchern. Ein Intervall beträgt bei einer konventionellen Räucherung ca. 5–7 Stunden. Die Häufigkeit der Rauchintervalle ist abhängig vom Räuchergut und der gewünschten Rauchfarbe.

Reifen bei einer Temperatur von 10–14 °C und einer Luftfeuchtigkeit beginnend bei 85 %, die tageweise kontinuierlich auf 75 % reduziert wird. Die Reifung dauert ca. 1–3 Wochen.

PAPRIKAWURST

Zubereitung

Schweinefleisch und Speck für die leichtere Verarbeitung etwas anfrieren, allerdings nicht ganz durchfrieren, damit der Fleischwolf keinen Schaden nimmt.

Das vorgefrorene Schweinefleisch und den Speck mit der 6-mm-Lochscheibe wolfen. Schweinefleisch, Speck und sämtliche Gewürze vermengen, allerdings das Nitritpökelsalz noch nicht hinzugeben.

Das nicht vorgefrorene Schweinefleisch mit der 3-mm-Lochscheibe wolfen, dann mit dem Nitritpökelsalz und der restlichen Masse vermischen.

In die dafür vorgesehenen Därme füllen, in ca. 120 g schwere Stücke abdrehen und die Fülltemperatur so niedrig wie möglich halten (0–4 °C), indem man die Produktion in einem Zug durchführt, um eine unnötige Erwärmung zu verhindern.

Einige Stunden bei Raumtemperatur gut abgedeckt umröten und reifen lassen, darauf achten, dass die Würste keinem Luftzug ausgesetzt sind, da sonst der äußere Rand der Würste vergrauen kann.

Vor dem Räuchern außen gut abtrocknen lassen und in mehreren Kaltrauchgängen auf die gewünschte goldgelbe Farbe räuchern. Ein Intervall beträgt bei einer konventionellen Räucherung ca. 5–7 Stunden. Die Häufigkeit der Rauchintervalle ist abhängig vom Räuchergut und der gewünschten Rauchfarbe.

Reifen bei einer Temperatur von 10–14 °C und einer Luftfeuchtigkeit beginnend bei 85 %, die tageweise kontinuierlich auf 75 % reduziert wird. Die Würste können nach einigen Tagen schon verzehrt werden.

ZUTATEN FÜR 10 KG GESAMTMASSE

6 kg Schweinefleisch der Qualitätsklasse 1 mit einem leicht erkennbaren Fettanteil

2,5 kg Nacken- oder Rückenspeck

1,5 kg mageres Schweinefleisch der Qualitätsklasse 1 (nicht vorfrieren)

Schweinssaitling Kaliber 32/34

GEWÜRZE

250 g Nitritpökelsalz

Paprika scharf und edelsüß (ca. 100 g insgesamt)

Gewürze nach Geschmack (je kg Wurstmasse 4 bis 8 g):

Knoblauch

Pfeffer

Majoran

Piment

KNOBLAUCHSTANGERL

ZUTATEN FÜR 10 KG GESAMTMASSE

2,5 kg Nacken- oder Rückenspeck

6 kg mageres Schweinefleisch der Qualitätsklasse 1

1,5 kg Rindfleisch der Qualitätsklasse 1

Faserdärme Kaliber 55 mm

GEWÜRZE

260 g Kochsalz

37 g Kalisalpeter (Pökelsalz)

Gewürze nach Geschmack (je kg Wurstmasse 4 bis 8 g):

Muskat

frischen Knoblauch

Kümmel

getrockneten Knoblauch

Pfeffer

Majoran

Piment

Zubereitung

Speck in 0,5 x 0,5 cm große Würfel schneiden. Schweinefleisch und Speck für die leichtere Verarbeitung etwas anfrieren, allerdings nicht ganz durchfrieren, damit der Fleischwolf keinen Schaden nimmt.

Das vorgefrorene Schweinefleisch mit der 6-mm-Lochscheibe wolfen. Schweinefleisch mit gewürfeltem Speck und sämtlichen Gewürzen vermengen, allerdings das Kochsalz noch nicht hinzugeben.

Das nicht vorgefrorene Rindfleisch mit der 3-mm-Lochscheibe wolfen, mit dem Kochsalz und der restlichen Masse vermischen.

In die dafür vorgesehenen Därme füllen und die Fülltemperatur so niedrig wie möglich halten (0–4 °C), indem man die Produktion in einem Zug durchführt, um eine unnötige Erwärmung zu verhindern.

Einige Stunden oder über Nacht bei Raumtemperatur gut abgedeckt umröten und reifen lassen, darauf achten, dass die Würste keinem Luftzug ausgesetzt sind, da sonst der äußere Rand der Würste vergrauen kann.

Das Knoblauchstangerl nach dem Umröten auf der Oberfläche gut abtrocknen lassen und in mehreren Intervallen kalt räuchern (bis 24 °C). Ein Intervall beträgt bei einer konventionellen Räucherung ca. 5–7 Stunden. Die Häufigkeit der Rauchintervalle ist abhängig vom Räuchergut und der gewünschten Rauchfarbe.

Reifen bis zum gewünschten Trocknungsgrad. Je nach Kaliber dauert die Reifung 2–4 Monate.

HIRSCHROHWURST

Zubereitung

Wildfleisch für die leichtere Verarbeitung etwas anfrieren, allerdings nicht ganz durchfrieren, damit der Fleischwolf keinen Schaden nimmt. Speck in 0,5 x 0,5 cm große Würfel schneiden und vorfrieren.

Das vorgefrorene Wildfleisch mit der 6-mm-Lochscheibe wolfen. Wildfleisch mit dem in Würfel geschnittenen Speck und sämtlichen Gewürzen vermengen, allerdings das Kochsalz noch nicht hinzugeben.

Das nicht vorgefrorene Wildfleisch mit der 3-mm-Lochscheibe wolfen, mit dem Kochsalz und der restlichen Masse vermischen.

In die dafür vorgesehenen Därme füllen und die Fülltemperatur so niedrig wie möglich halten (0–4 °C), indem man die Produktion in einem Zug durchführt, um eine unnötige Erwärmung zu verhindern.

Einige Stunden oder über Nacht bei Raumtemperatur gut abgedeckt umröten und reifen lassen, darauf achten, dass die Würste keinem Luftzug ausgesetzt sind, da sonst der äußere Rand der Würste vergrauen kann.

Die Hirschrohwurst nach dem Umröten auf der Oberfläche gut abtrocknen lassen und in mehreren Intervallen kalt räuchern (bis 24 °C). Ein Intervall beträgt bei einer konventionellen Räucherung ca. 5–7 Stunden. Die Häufigkeit der Rauchintervalle ist abhängig vom Räuchergut und der gewünschten Rauchfarbe.

Reifen bis zum gewünschten Trocknungsgrad, der von den individuellen Vorlieben abhängt.

ZUTATEN FÜR 10 KG GESAMTMASSE

4,2 kg Wildfleisch, angefroren

2,8 kg Nacken- oder Rückenspeck vom Schwein, angefroren

3 kg mageres Wildfleisch, frisch

Faserdärme Kaliber 55 mm

GEWÜRZE

260 g Kochsalz

37 g Kalisalpeter (Pökelsalz)

Gewürze nach Geschmack (je kg Wurstmasse 4 bis 8 g):

Muskat

Knoblauch

Kümmel

Rosmarin

Pfeffer

Majoran

Piment

eventuell einen Schuss Rotwein

FEHLER BEI ROHWÜRSTEN

Fehler	Ursache	Abhilfe
Ablösen des Darms	Zu locker gefüllt	Darm prall füllen
	Zu hohe Fülltemperatur	Fülltemperatur niedriger als 2 °C
	Zu niedrige Luftfeuchtigkeit beim Reifen	Reife-Luftfeuchtigkeit zwischen 75 und 79 %
Starke Faltenbildung des Darmes	Zu geringe Luftfeuchtigkeit beim Reifen	75–79 % relative Luftfeuchtigkeit
	Zu hohe Luftgeschwindigkeit	Luftgeschwindigkeit auf Minimum drosseln
Salzausschlag	Schlecht durchgespülte Naturdärme	Naturdärme gut in fließendem Wasser durchspülen
	Zu hohe Salzzugabe	Salzzugabe höchstens 28 g/kg Salzausschlag beeinträchtigt nicht den Geschmack, sondern ist nur ein Schönheitsfehler.
Fettig an der Oberfläche	Zu heiß geräuchert	Rauchtemperatur nicht über 24 °C
	Schmalziges Fett	Kernigen Nacken- und Rückenspeck verwenden
Trockenrand	Zu geringe Luftfeuchtigkeit	Relative Luftfeuchtigkeit 75–78 %
	Zu starke Luftbewegung	Drehzahl des Kühlventilators verringern

REZEPTE – KOCHWÜRSTE

Bei Kochwürsten wird meist das gesamte Fleisch- und Speckmaterial (ausgenommen Leber) gebrüht, danach verarbeitet und dann noch einmal erhitzt.

CHECKLISTE FÜR DIE ABLÄUFE BEI KOCHWÜRSTEN

Die Checkliste ist ein allgemeiner Überblick über die Arbeitsvorgänge beim Herstellen von Kochwürsten in der richtigen Reihenfolge. Alle Einzelheiten zu den Arbeitsvorgängen sind im Rezept oder im allgemeinen Teil beschrieben.

CHECKLISTE! Abläufe bei Kochwürsten

- ✔ Därme wässern oder Gläser vorbereiten
- ✔ Zutaten abwiegen und bereitstellen: Fleisch, Salz, Gewürze, evtl. Kürbiskerne o. Ä.
- ✔ Fleisch kochen
- ✔ Leber vorbereiten, wolfen und salzen
- ✔ Fleisch wolfen
- ✔ Leber, Fleisch und Gewürze gut mischen (ca. 40 °C)
- ✔ Därme oder Gläser füllen
- ✔ Brühen und auskühlen lassen

VORBEREITUNG DER LEBER

Die Leber hat einen sehr hohen Anteil an Eiweiß. Dadurch ist es wichtig, dass sie stets gut gekühlt gelagert wird, die optimale Lagertemperatur ist bei 1–3 °C.

Bevor die frische Leber verarbeitet wird, ist darauf zu achten, dass sie sauber von allen Gallengängen und Lymphdrüsen befreit wird. Weil bei den Leberwürsten die Leber einen so starken Einfluss auf den Geschmack hat, ist es besonders wichtig, die Leber so frisch wie möglich zu verarbeiten. Besonders positiv wirkt sich auf die Würste aus, wenn wie in früheren Zeiten schlachtwarmes Fleisch, Speck und Leber verwendet werden können.

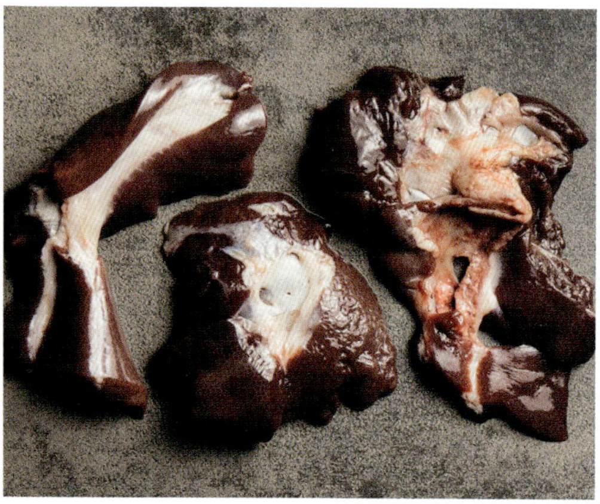

Die Gallengänge sorgfältig und großzügig von der Leber schneiden.

SONSTIGE WURSTSPEZIALITÄTEN

Breinwurst und Kartoffelwurst waren früher als billiges Essen bekannt, die Kartoffeln und der Buchweizen wurden in die Wurst gegeben, um das Fleisch zu strecken. Heute sind beide Würste Spezialitäten, die sich größter Beliebtheit erfreuen.

Grammeln (Grieben) verleihen Kartoffelwürsten (siehe S. 89) Geschmack.

LEBERSTREICHWURST

ZUTATEN

7 kg schmalziges und sehnenfreies Brust- und Bauchfleisch mit einem erkennbaren Fettanteil von 2/3 des Fleisches

3 kg Leber

Gläser oder Kunststoffdärme

GEWÜRZE

200 g Nitritpökelsalz

Gewürze nach Geschmack (je kg Wurstmasse 4 bis 8 g):

Pfeffer

Muskat

Majoran

Knoblauch

Thymian

Zwiebeln

Zubereitung

Das Brust- und Bauchfleisch gut durchkochen (je nach Größe der Stücke 1–1,5 Stunden).

Die frische Leber mit der 2-mm-Lochscheibe einmal oder mit der 3-mm-Lochscheibe zweimal wolfen und danach die gesamte Salzmenge einmischen.

Die gesamten Gewürze mit der heißen Fleisch- und Speckmasse vermischen und mit der 3-mm-Lochscheibe wolfen.

Die frische Leber bei 40 °C in die restliche Masse einmengen und noch ca. 5 % – ausgehend von der gekochten Fleisch- und Speckmenge – an Kesselbrühe beigeben und vermengen, um eine gute Emulsion zu erzielen.

In die vorbereiteten Gläser (etwas mehr als halb voll) oder Därme füllen und auf eine Kerntemperatur von 72 °C durchbrühen bzw. die Gläser 1,5 Stunden einkochen.

Kurz mit kaltem Wasser duschen, danach auskühlen lassen und in den Kühlschrank geben.

ROSTFREI

LEBERPASTETE GROB

Zubereitung

Das gesamte Bauch- und Brustfleisch kernweich kochen.

Die Leber mit einem scharfen, nicht zu großen Messer von allen Gallengängen befreien oder in einem Fachgeschäft vorbereiten lassen. Mit der 3-mm-Lochscheibe wolfen und das gesamte Salz untermengen, bis sich eine zähe Masse bildet.

Das heiße Bauch- und Brustfleisch durch die 5-mm-Lochscheibe wolfen und sämtliche Gewürze beimengen.

Bei einer Temperatur von etwa 40 °C die Leber dazugeben und zu einer homogenen Masse mischen; nur so kann eine gute Emulsion stattfinden.

In Därme oder Gläser (etwas mehr als halb voll) abfüllen und bis zu einer Kerntemperatur von 72 °C brühen (Würste) bzw. 1,5 Stunden einkochen (Gläser).

TIPP! Verfeinern

Wer mag, kann die Leberpastete mit Kürbiskernen verfeinern.

ZUTATEN

7 kg schmalziges und sehnenfreies Brust- und Bauchfleisch

3 kg Leber

Gläser oder Naturdärme (Rinderkranzdarm 40/43)

GEWÜRZE

200 g Nitritpökelsalz (rötend) oder Kochsalz

Gewürze nach Geschmack (je kg Wurstmasse 4 bis 8 g):

Pfeffer

Muskat

Majoran

Knoblauch

Thymian

Zwiebel

BREINWURST

ZUTATEN

7 kg Stelzen- und Schweinskopffleisch

0,5 kg Schwarten

2,5 kg Buchweizen

Schweinssaitlinge 30/32

GEWÜRZE

180–200 g Kochsalz

Gewürze nach Geschmack (je kg Wurstmasse 4 bis 8 g):

Pfeffer

Muskat

Majoran

Knoblauch

Thymian

Zwiebel

Piment

Zubereitung

Schweineköpfe und Stelzen kernweich kochen, bis sich das Fleisch von den Knochen löst. Die Schwarten ganz weich durchkochen.

Mit der Kochbrühe den Buchweizen auf kleiner Hitze aufquellen lassen (1 Teil Buchweizen, 2 Teile Kochbrühe).

Die Schwarten mit der 3-mm-Lochscheibe und das restliche Kopf- und Stelzenfleisch mit der 8-mm-Lochscheibe wolfen.

Die gesamte Fleisch- und Schwartenmasse mit dem Buchweizen vermengen, die Gewürze einmischen und in die dafür vorgesehenen Därme füllen, danach paarweise mit ca. 10–15 cm Länge abdrehen.

10 Minuten brühen, danach abduschen oder kurz ins kalte Wasser tauchen und kühlen.

Vor dem Essen bei niedriger Temperatur rundum knusprig anbraten.

KARTOFFELWURST (ERDÄPFELWURST)

Zubereitung

Kartoffeln waschen, schälen und reiben.

Die geriebenen Kartoffeln für ca. 15 Minuten wässern, um die Stärke auszuschwemmen.

Kartoffeln ausdrücken und Grammeln anbraten. Danach die Gewürze, das Salz, die Kartoffeln und die erhitzten Grammeln vermengen.

In die Därme füllen, in Kränze drehen oder in Paare zu 120 g abdrehen und bei 110 °C 1 Stunde langsam vorbraten, damit die Kartoffelwürste bei der Zwischenlagerung nicht schwarz werden.

ZUTATEN

8,5 kg Kartoffeln

1,5 kg Grammeln (Grieben)

Schweinssaitlinge 30/32

GEWÜRZE

17 g Kochsalz pro kg geriebener Kartoffel

Gewürze nach Geschmack (je kg Wurstmasse 4 bis 8 g):

Pfeffer

Koriandersamen

Muskat

Majoran

Knoblauch

Thymian

Zwiebel

FEHLER BEI KOCH- UND LEBERSTREICHWÜRSTEN

Fehler	Ursache	Abhilfe
Konsistenz zu weich	Zu viel schmalziges Fett	Auf Speckzusammensetzung achten
	Zu stark zerkleinert	Größere Lochscheibe verwenden
	Zu hoch und zu lange erhitzt	Kerntemperatur nicht über 78 °C
Zu fest	Zu hoher Fleischanteil	Rezeptangaben beachten
	Rohmaterial zu wenig erhitzt	Kerntemperatur über 71 °C
Grießelig Bröckelig	Magerfleischanteil zu hoch	Rezeptangaben beachten
	Zu stark erhitzt beim Brühen	Kochwasser soll nur wallen
Gelee- und Fettabsatz	Zu geringer Leberanteil	Leber laut Rezept
	Zu hoher Fett- und Fleischanteil	Fett und Fleisch verringern
	Gesamte Salzmenge nicht der Lebermasse zugeführt	Gesamte Salzmenge nur der Leber zusetzen
	Zu lange Stehzeit zwischen Füllen und Erhitzen	Keine Pausen zwischen Füllen und Erhitzen einlegen
Geschmack ist bitter	Von Gallengängen nicht sauber befreit	Gallengänge komplett entfernen und gut mit kaltem Wasser abspülen
Säuerlicher und ranziger Geschmack	Kontaminiertes Rohmaterial	Hygienemaßnahmen einhalten
	Fett überlagert	Frisches Fett verwenden
	Lagertemperatur zu hoch	Kühltemperatur prüfen
	Nicht durcherhitzt	Kerntemperatur 72 °C

INDEX

Das Paradies
für Selbermacher
holzeis
GERÄUCHERTES
selbstgemacht!
Ihre Zutaten:
• Fleisch
• Geflügel
• Fisch
• Wild
• Käse
• Muße
SMOKER & BBQ GRILLS VON NAPOLEON
UND TheFireEgg – NEU IM PROGRAMM!
Unser Zubehör - auch in Großmengen:
• Buchenräucherspäne
• Pökelsalze
• Gewürze, Fleischmesser, Schärfer
• Räucherhaken
• Hobby-Räucherschränke
• Profi-/Gastro-Räucherschränke
RÄUCHERGOLD
In unserem 300m² großen holzeis - Store und im webshop unter
www.holzeis.com
holzeis gmbh I Josef Perger Straße 2 I 3031 Pressbaum I A1 Abfahrt Pressbaum bei Wien I tel +43 2233 555 00

BARBECUE point's
WORLD OF BARBECUE©
... Ihre Räucherspezialisten!
Bradley
SMOKER
taste the
great outdoors
Let it Smoke !
Riesenauswahl - Fachberatung
Lieferung frei Haus
Räuchershop direkt unter
www.raeucher-shop.at
Barbecue point's BBQ Planet Wien-Süd
Mega-Grillshop mit 500m2
Marktstraße 9 | 2331 Vösendorf
Telefon: +43-664-202 58 80
Barbecue point's GRILLSTORE Wien-Nord
Grillshop, Grillarena & Grillschule
Bahnstraße 36 | 2201 Gerasdorf bei Wien
Telefon: +43-664 24 24 135
Barbecue point's BBQ PLANET Linz
Mega-Grillshop & Grillschule
Flötzerweg 156 | 4030 Linz
Telefon: +43-664-882 33 000
www.barbecue-point.at